우리시대 생활 시조집

우리시대 생활 시조집

2025년 2월 26일 제 1판 인쇄 발행

지 은 이 ㅣ 차미령
펴 낸 이 ㅣ 박종래
펴 낸 곳 ㅣ 도서출판 시담
등록번호 ㅣ 제2016-000070호
주   소 ㅣ 04625 서울시 중구 필동로 6(2층·3층)
대표전화 ㅣ 02)2277-2800
팩   스 ㅣ 02)2277-8945
이 메 일 ㅣ msprint8944@naver.com

값 15,000원 / £ 10 / $ 12
ISBN 979-11-94200-70-3

※ 잘못 만들어진 책은 바꿔 드립니다.
　 이 책 내용의 일부 또는 전부를 재사용하려면
　 반드시 저작권자의 동의를 얻어야 합니다.

우리시대 생활 시조집

달력 행사·과일·채소 시조집

차미령 시조집

도서출판 명성서림

 시인의 말

　동양사상의 하나인 오행사상에서 나온 오색, 색동은 우리네 삶의 의·식·주 모두를 지배하는 집단 공동체 의식 즉, 우리의 문화라고 생각합니다. 우리 생활과 가까이 접하는 오색 색동 과일은 매일 우리들의 식탁 위에서 일종의 자기 치유를 넘어 가족 치유의 몫을 톡톡히 해내는 중요한 수단이 되고 있습니다. 우리시대 과일·채소시조를 쓰면서 조사하여 알게 된 사실은, 우리가 의외로 과일과 채소를 자기방식대로 판단하여 편향되게 섭취하는 게 아닌가 하는 염려가 현실로 드러났습니다. 【표】1참조
　요즘은 시대가 변하여 10대부터 80대까지 거의 전세대가 장보기에 나서고 있는 추세입니다. 계절 요소에 따라 제철 과일을 섭취하면서도 오색을 골고루 섭취하고 있는지 장바구니를 점검 해봐야 할 필요성이 절실히 요구되는 시점입니다. 그렇기에 우리가 색채와 인체와의 연관성을 잘 알고, 가정과 생활속에서 적극적으로 활용해 나간다면 훨씬 더 가성비를 높여서 삶의 질을 개선하는 결과까지 창출할 수 있다고 생각합니다. 【표】2 참조
　이번에 2024년도에 카렌다식으로 발간되었던 과일.채소와 달력행사 두 시조집을 한데 묶어내게 되었습니다. 우리시대 달력 행사 시조의 경우도 역시, 우리가 매일의 일상에서 달력 속의 주요행사와 함께 시조를

공부한다면, 시조가 우리 생활과 더 가깝고, 친근하게 다가오리라는 기대를 가지고 달력행사 시조를 새롭게 선보이게 되었습니다.

어려서 읽은 책 한 권, 암송한 시나 시조 한 수가 훗날 그 사람의 인생의 크나큰 자산이 되어 줄 것입니다. 우리시대 생활시조를 재미있게 읽고, 암송도 하고, 써보기도 하다보면, 생활 속에서 저절로 우리의 소중한 전통문화가 대대손손 잘 전해질 수 있으리라는 바램을 가져봅니다.

이제는 우리 어르신들도 K-culture (한국 문화가 세계를 선도하는) 시대를 살아가는 동시대인으로서 경로당이나 노인정에서 시절가조인 우리의 전통 시조를 CD를 통해서 시조창으로 듣거나, 다양한 시조를 읽고 암송을 해 나가신다면, 우리의 국민시 시조는 제 2의 전성기를 맞이하리라 확신합니다. 끝으로 『우리시대 생활시조집』에 대한 과분한 추천의 글을 흔쾌히 써주신 유지화 박사님께 감사드립니다. 아울러 멋진 그림으로 호응해 주신 우미나 화가님과 새로운 시조집을 출판하는데 도움을 주신 명성서림 박 대표님과 편집진 여러분들께도 고마운 마음 전합니다.

2025년 입춘절기에 차미령

전통과 창조의 화음
- 차미령 시인의 생활시조 연금술

유 지 화 (시조시인·문학박사)

◎ 창조 세포를 터뜨리다

　색동저고리 같은 시조집이 나왔다.
　『우리시대 생활시조집』은, 우리의 문화와 역사, 세시풍속을 정형시로 녹여낸 차미령 시인의 야심작이다.
　차 시인은 절기 시조집 제 1집 출간 후 탁상용 카렌다 두 권의 시집을 연이어 발간하더니 제4집 원고를 보내왔다.
　입춘의 창가에서 천천히 책장을 넘겼다.
　제 4집『우리시대 생활시조집』은『우리 시대 달력 행사 시조집』,『우리 시대 과일·채소 시조집』두 권의 카렌다 시조집을 합본 보완한 내용으로 첫 장부터 새롭게 시선을 잡는다.

새해 새날 새아침 해맞이 간다 하네
우리에게 동해물과 백두산이 있건만
철조망 다 걷어내고 무궁화를 심고 싶다 – '신정(New Year's day)' 전문

  시인의 나라 사랑이 꽃말처럼 기분 좋게 전해진다.
  차미령 시인은 애국을 외치지 아니한다. 그저 나직이 동해물과 백두산을 이야기한다. 소리내어 통일을 주장하지도 않는다. 철조망 걷어내고 무궁화를 심고 싶은 그 진심 하나인 것이다. 새해 첫날 시인의 간절한 기원이다. 남과 북, 삼천 리 가득 아니 그 너머까지 북으로 남으로 하늘로 바다로 무궁화 꽃 피어나고 있구나. 시인의 가슴에 우리들 가슴에...

  2월은 2월대로, 3월은 3월대로 그 달의 국경일, 전통문화, 세시풍속 등 우리 전 세대가 기억해야 할 주요 행사와 의식을 시인만의 창조적 방식으로 표현하고 있어 참신하고 다채롭다.
  일일이 다 소개하고 싶지만 지면 관계로 각 부마다 한 수씩만 살피기로 한다.

◎ 오리진의 시인, 차미령

  차미령은 오리진의 시인이다.
  오리진이란 '스스로 처음인 자, 게임의 룰을 만드는 자, 새 판을 짜는 자.

그리하여 자신의 운명을 스스로 창조하는 자'라고 한다. 그렇게 볼 때 소신껏 자신의 길을 스스로 내어 가며 그다운 길을 걷고 있는 차 시인이야말로 진정한 오리진이다.

 2부와 3부는 한때 대체 의학을 전공했던 시인답게 과일·채소의 색채와 인체와의 연관성과 건강에 미치는 영향을 연구, 과일·채소의 특성과 역할을 자연스럽게 시조로 빚어내고 있다.
 과일 편에는 배, 사과는 물론 석류 한라봉, 앵두 살구, 체리 용과, 모과에 이르기까지 일상에서 친근한 과일에 역사와 문화와 상상력을 연결, 시조 가락으로 길어 올린 솜씨가 예사롭지 않다. 저절로 음미하게 되는 3장 6구, 함축의 미학이다.

 석류나무집 호호 할머니 곱게도 늙으셨네
 클레오파트라* 비결을 어찌 그리 아셨는가?
 대문 앞 행랑채 곁에 석류나무 두어 그루   - '석류(pomegranate)' 전문

 석류 한 알에서 클레오파트라와 만나는 사람이 시인이다.
 석류 한 알을 통해 세계사를 읽는 이가 시인이다.
 이집트의 마지막 왕비로서 미인의 대명사로 자리 잡은 클레오파트라.
 무어라 석류의 효능을 설명하겠는가. 이 짧은 세 줄 속에 할머니의 세월과 이집트의 역사, 알렉산드리아의 문화가 다 들어있지 않은가.
 시치미 떼듯 여운을 주는 종장 -
 '석류나무 두어 그루'는 이 책을 읽는 또 다른 압권이다.

3부의 채소 편에는 오이 애호박, 파프리카 양배추, 시금치 토마토, 브로콜리 미나리까지 스물 세 종류의 채소에 모양과 색채, 효능을 살려 시조로 담아내고 있어 흥미롭다. 자연스럽게 건강한 식생활에 관심을 이끌어 내면서 도움을 주고 있다.

적색 치마 청색 치마 오글오글 샤링 치마
로메인 아삭아삭 꽃상추 야들야들
종류도 가지가지다 불면증 보약 상추   – '상추(lettuce)' 전문

오글오글, 아삭아삭, 야들야들 자칫 가벼워질 수도 있는 의태어를 적재적소에 넣어 상추의 특성을 싱싱하게 살리고 있다. 두 볼이 터질 정도로 입 안 가득 상추쌈이 맴돌 때 비로소 상추쌈은 먹음직스럽다.
적색 치마, 청색 치마, 샤링 치마의 반복법과 상추의 모양과 상태가 감각적으로 표현되어 생명력을 자아내고 있다.
건강한 식탁, 화목한 가정. 차 시인이 그려온 그림이다.

◎ <u>자연 속 보약을 찾아</u>

4부는 생활시조다. 인삼 치자, 호두 잣, 밤 남해초, 마늘 등 아홉 가지의 자연 속 보약을 찾아 우리 삶의 질을 높이는 데 기여하고 있다.

토실토실 밤토실 오대 영양* 고루갖춰
병중 병후 피로회복 위장도와 소화 잘돼
밤주악* 우리 전통음식이 풍미가 대단해요   - '밤(Chestnut)' 전문

밤〔栗〕은 맛 좋고, 영양 많고, 보기도 좋아 많은 시인들이 알밤을 소재로 하여 시를 읊었다. 또한 밤은 무공해 열매 중의 대표주자라 해도 과언이 아닐 만큼 아이부터 어르신까지 누구나 좋아하는 견과류다.

그래서였을까. 어린 시절 알밤 줍기는 보물찾기 같았다. 아람 벌어 떨어진 윤기 나는 알밤은 그대로 보물이었다.

마지막 책장을 넘기면서 건강한 정신과 건강한 신체를 이루기 위한 답을 찾은 것 같아 기쁘다.

『우리시대 생활시조집』은 차미령 시인이 오랜 시간 연구하고 공 들인 결과물로써 우리의 문화와 역사, 세시풍속을 정형시로 녹여 낸 최초의 생활시조집이라는데 의미가 깊다. 그의 올곧은 시 정신, 오리진의 시 정신이 공감의 독자들과 만나기를 희원하며 출간을 축하한다.

시인의 말　　　　　　　　　　　　04
추천의 글　　　　　　　　　　　　06

1 우리시대 달력 행사 시조

1월 신정(1일), 가래떡(절기식)　　　　　16
1월 모든 생일　　　　　　　　　　　　18
2월 설날(10일, 음1.1), 귀향　　　　　　20
2월 정월대보름(24일, 음1.15)　　　　　22
3월 3.1절, 독립만세 운동일 (1일)　　　　24
3월 국제 여성의 날(8일), 화전　　　　　25
4월 국회의원선거(10일), 과학의 날(21일)　26
4월 이순신 장군 탄신일(28일)　　　　　27
5월 어린이 날(5일), 어버이날(8일)　　　28
5월 스승의 날(15일), 부처님 오신 날(15일, 음4.8)　29
6월 현충일(6일)　　　　　　　　　　　30
6월 6.25 전쟁일(25일)　　　　　　　　32
7월 제헌절1, 제헌절2. (17일)　　　　　33
7월 시조의 날(21일), 황진이 나래친 자리　34
8월 칠월칠석(10일, 음7.7)　　　　　　36
8월 광복절(15일), 쌀의 날(18일)　　　　37
9월 이산가족의 날(추석 전전날), 배숙　　38
9월 추석(17일, 음8.15), 한가위　　　　40
10월 개천절(3일)　　　　　　　　　　42
10월 한글날(9일)　　　　　　　　　　44
11월 시의 날(1일), 농업인의 날(11일)　　46
11월 수능시험(2024, 14일)　　　　　　48
12월 첫눈 오는 날의 약속　　　　　　　50
12월 크리스마스(25일)　　　　　　　　52

2 우리시대 과일 시조

1. 유자 54
2. 밀감(귤) 55
3. 감 56
4. 산타딸기 57
5. 수박 58
6. 참외 59
7. 자두 60
8. 포도 61
9. 사과 62
10. 배 63
11. 석류 64
12. 한라봉 65
13. 복숭아 66
14. 매실 67
15. 앵두 68
16. 살구 69
17. 블랙망고 70
18. 메론 71
19. 비파 72
20. 오디 73
21. 두리안 74
22. 바나나 75
23. 아보카도 76
24. 체리 77
25. 레몬 78
26. 용과 79
27. 오렌지 80
28. 망고 81
29. 키위 82
30. 망고스틴 83
31. 여지 84
32. 파인애플 85
33. 블루베리 86
34. 라임 87
35. 델라웨어 88
36. 자몽 89
37. 코코넛 90
38. 무화과 91
39. 대추 92
40. 모과 93
41. 색동 과일 찬가 94

3 우리시대 채소 시조

1. 오이 96
2. 애호박 97
3. 파프리카 98
4. 양배추 99
5. 고구마 100
6. 무 101
7. 우엉 102
8. 방울 토마토 103
9. 시금치 104
10. 토마토 105
11. 청고추 홍고추 106
12. 하지감자 107
13. 가지 108
14. 양파 109
15. 코리안 허브 110
16. 비트 111
17. 단호박 112
18. 상추 113
19. 당근 114
20. 쑥 115
21. 브로콜리 116
22. 고수 117
23. 미나리 118

4 기타 생활 시조

1. 인삼 120
2. 치자 121
3. 호두 122
4. 잣 123
5. 밤 124
6. 갓김치 125
7. 한 겨울 남해초 126
8. 옥수수 127
9. 마늘 128

1

우리시대 달력 행사 시조

1월 달력 행사 세시 풍속: 신정(1일)

신정 - *New Year's day*

새해 새날 새아침 해맞이 간다 하네

우리에게 동해물과 백두산이 있건만

철조망 다 걷어내고 무궁화를 심고싶다

가래떡* - *Rice cake*(절기식)

Short-grain rice steamed, pounded, and rolled to form a long, cylindrical rice cake.

떡 방앗간 들어가니 모락모락 김이나네
조심조심 먹어야 목 막히지 않아요
자손들 장수하라고 길게 뽑은 가래떡

* 옛날엔 복과 풍요를 기원하는 뜻에서 태양이나 동전처럼 둥근 모양이었지만, 요즘처럼 어슷하게 썰면 표면적이 넓어 푸짐하게 보이는 효과.
* 적당히 굳어진 가래떡을 썰어주면 떡국떡이 되지요.

1월 달력 행사: 모든 생일

모든 생일 - *all birthdays*

온 세상 축복받고 이내 몸 탄생했네
이 몸의 뿌리가 조상줄에 달렸으니
못나도 낳아서 길러주신 내부모가 소중해!

음력 Luner 생일: 한 겨울 midwinter

이 추운 절기에 전쟁까지 겪은 뒤라

미역국인들 드셨는가 산구완*은 큰 이모

나직이 불러봅니다 따스한 별 어머니

* 해산구완 – 아이 낳는 것을 돕는 일.
* 요즘은 산후조리원을 주로 이용함.

주민증 registration card 생일: 봄 spring

산천초목 우거지니 이보다 좋을소냐

아버님 신고하신* 깊은 뜻이 여기에

주민증 번호 쓸 때마다 주신 은혜 큰사랑

* 옛날에는 역병 등으로 출생년도보다 뒤늦게 신고하였음.
* 2024년도 6월 28일부터 만나이를 주민등록 생일을 기준으로 하는 "만나이 통일 법" 시행으로 행정업무가 통일되었음.

 달력 세시 풍속: 설날, 설연휴

설날*(음 1.1)-(10일) - *lunar new years*

설빔을 차려 입고 설 세배 올립니다
부모님 오래오래 만수무강 하시라고
까치도 감나무 위에서 꽁지들고 깍깍깍

설 연휴*- 귀향 *homecoming* (9~12일)
- luner new years holidays -

귀성열차 몸을 싣고 부모 형제 만나뵈러

마음 먼저 달려간다 고향바다 건너간다

하지만 봉별*의 시간은 어김없이 다가오고

* 2024.2.9~2.12 (설날-10일)-대체 공휴일 포함.

* 봉별(逢別): 만남과 헤어짐.

2월 — 달력 세시 풍속 : 정월 대보름(음1.15)(24일)

정월대보름 - *the first full - moon day*

마을에선 윷놀이* 구청에선 달집 태우기*
액운은 불살라 버리고 소원성취 하기를
달님께 빌어봅니다 저희도 노력할게요

* 척사(擲柶)대회-4개의 나무로 된 윷가락을 던지며 하는 윷놀이.
* 대보름 달이 떠 오를때 나무나 짚으로 만든 달집에 소원지를 달고난 뒤 불에 태워 액을 쫓고 복을 부르는 민속놀이의 하나.-(Sheaf burning).

 달력 행사: 3.1절(독립만세 운동일)

3.1절 독립만세 운동 - *Section 3.1 Indepence Movement* (1일)

자유와 평화 위한 민족의 거센 물결
삼천만의 성난 함성 이나라 지켜냈다
태극기 손에 손잡고 대한독립 만만세!

 달력 행사: 국제 여성의 날(8일)

국제 여성의 날 - *International Women's Day*

그대들 땅기운이 자손들 길러냈소
폭력과 강압에 엎드렸던 세월이
이제는 전화위복이 되어 사람대접 받네요

달력 세시 풍속: 화전花煎

화전(花煎) - *Pan-fried Flower Rice Cake*

찹쌀가루 익반죽* 동글납작 빚어서
봄에는 진달래 꽃* 여름 장미, 가을 국화
자연이 음식에 담겨 맛도 일품 멋도 일품

* 익반죽 : 가루에 끓인 물을 부어가며 하는 반죽.
* 진달래 꽃과 모양이 비슷한 영산홍이나 철쭉은 독성이 있으니 주의해야한다.

 달력 행사: 국회의원선거, 과학의 날

국회의원선거* (10일)
- *National Assembly election*

이 나라 영속해야 투표권도 지켜진다
국민이 주인인 세상 누구나 알지만은
삼연*에 흔들리지 말고 바른 일꾼 뽑아요

* 2024. 4.10 : 제 22대 국회의원 선거일.
* 혈연, 지연, 학연.

과학의 날 (21일) - *science Day*
〈창의력 신장의 달〉
- *creative ability extension month*

에디슨 라이트 형제, 스티브 잡스처럼
길들여진 사고와는 다르게 생각하라
예술은 창조적 상상력*을 합성한 결과물!

* 나폴레온 힐(Napoleon Hill)

4월 달력 행사:
이순신 장군 탄신일(28일)

이순신 장군 탄신일
- Generl Yi Sun-sin birthday

전 세계 해군 제독* 전투사를 석권한

유비무환 실천하신 백전백승의 덕장* 혜장*

광화문 지켜선 기백이 온 나라를 감싸도네

* 해군의 최상위 계급, 최고 사령관.
* 덕 있는 장수, 지혜로운 장수.

5월 달력 행사: 어린이날, 어버이날

어린이 날 - *Children's Day* (5일)

어린이는 이세상 모든 어른의 아버지*
넘치는 생명력 맑고도 밝고 밝아
누구도 손댈수 없는 미지의 성역이다

* 윌리엄 워즈워드 시 "무지개" 중에서
  -"the child is father of man."

어버이 날 - *Parents' Day* (8일)

푸르른 오월에 가족 행사 다 몰렸네
어버이 공경하면 자식 농사 절로된다
이것이* 동방예의지국 실다운 순서라네

* 조상님, 어버이, 부부, 자녀(어린이, 성년).

달력 행사:
스승의 날, 부처님 오신 날(15일)

스승의 날 - *Teacher's Day*

군사부 일체*라는 험난한 스승의 길

수불석권* 언행일치* 사랑으로 인내하며

질문을 잘 이해 시키고 그들 앞날 열어줘야죠

* 임금님, 스승, 부모는 한 몸과 같이 정성껏 받들어야 한다.
* 손에서 책을 놓지 아니하고 열심히 공부하는 것.
* 말과 행동이 같고, 말한대로 행동함.
* 동서고금 인류의 4대 스승: 공자, 부처님, 예수님, 쏘크라테스.

부처님 오신 날 - *Buddha's Birthday**
(24.5.15, 음4.8)

무우수* 아래서 탄생하신 부처님

고통받는 중생들 이익과 안락 위해

이세상 모든 이들의 자유와 해탈* 위해 오셨네

* 부처님 오신 날(음4.8)과 스승의 날(15일)이 겹쳐짐.(2024년도)
* 룸비니 동산의 석가모니 탄생설화가 있는 나무.
* 열반(涅槃)-Nirvana-한문의역으로는 -해탈(解脫).
* 열반: 불도를 완전하게 이루어 일체의 번뇌를 해탈한 최고의 경지.

6월 달력 행사: 현충일(6일)

현충일 - *Memorial Day*
〈동작동 국립묘지〉*- *Dongjak-dong national cemetery*

현충일 조기달고 싸이렌소리 묵념하네

꽃을 놓고 쓰다듬는 추모객들 사이로

이나라 지키신 영웅들께 인사하며 걸었다

* 안내 시스템이 잘 되어 있어서, 버스 투어나 걷기 투어를 예약하여 이용할 수 있다.

 달력 행사: 6.25 전쟁일(25일)

6.25 전쟁 참상
- The horrors of the Korean War

사람의 사지가 사방으로 나뒹굴고
풀뿌리 나무뿌리 송죽으로 견딘 세월
이제는 총부리 대신에 자유 평화통일 꼭!

7월 달력 행사: 제헌절(17일)

제헌절* 1 - Constitution Day

법 위에 사람없고 법 아래 사람없다
피로 지킨 민주주의 자유평등 보장하고
결과에 승복할 줄 아는 그 사람이 민주시민

* 1947. 7. 17- (1945년 8월 15일) 광복 후 대한민국 정부가 수립되면서 민주 공화정이라는 국가 이념을 강조하고자 헌법을 만들어 공포한 것을 기념하는 날.

제헌절 2

법원 앞 여신상*이 치켜든 저울은
만인에 공평한 법집행 투철한 준법정신
광복 후 헌법을 제정하여 공포한 날 기념하네

* 정의의 여신상: 정의와 형평성 개념이 추가되고 저울과 법전을 손에 들고있는 우리나라 법을 대표하는 상징물. -대법원 앞에 설치된 조형물.

 달력 행사: 시조의 날(21일)

한국 고유의 정형시
- *traditional three- verse [-stanza] Korean poem.*

시조의 날* - *Sijo founder's Day*

포은*과 쌍벽이룬 우국지사 충정공

대구여사 혈죽가*시조의 날 분수령

그 시대 읽고 보는 문학시조 대한매일* 지면에

* 포은 정몽주(고려 말의 충신, 유학자) -지은 시조 -〈단심가〉.
* 혈죽가: 1905년 을사조약 강제 체결에 대한 항거로 자결한
  충정공(민영환)의 충절을 기리는 시조.-대한매일신보(1906년 발표).
* 대한매일신보-1904년 창간한 대한제국시기의 신문.
* 시조튜브에서 시조의 날에 대한 구독 후에 지어졌음을 밝힙니다.

황진이 나래친 자리
- *The place where Hwang jin i flew*

- 시조 월례회*를 마치고
- *After korean verse monthly meeting*

시조판 벌어지니 겨레 흥이 절로 솟고
가람의 후학이며 노산의 후예들이
황진이 나래친 자리 여울목을 지켜섰다

* 1999.1.30 -시조생활사 월례회.

8월 달력 세시풍속: 칠석(음7.7) - Chilseok(10일)

칠월 칠석* - *July 7th by the luna calendar*

소치기 최고 견우* 베짜기 달인 직녀*

은하수 양쪽에서 오작교* 위 하루 만남

하늘 끝 사랑과 봉별이 비*가 되어 내리네

* 7월칠석(七月七夕)-견우(牽牛)와 직녀(織女)가 이 날 저녁 오작교
  (까마귀와 까치가 만들어준 다리)에서 만난다는 전설이 전해져 오고 있다.
* 저녁 비: (기쁨의 눈물)-만남. *동틀무렵 비: (슬픔의 눈물)-이별.

 **8월** 달력 행사: 광복절(15일), 쌀의 날(18일)

광복절 光復節* - *Liberation Day*

주인인 강토에서 억눌린지 40여년

자유의 빛 줄기 우리가 되찾았네

태극기 내다 걸고서 푸른 하늘 우러른다

* 일본에게 빼앗겼던 우리나라의 주권을 되찾은 날.

쌀의 날 - *rice Day*

쌀 한톨에 땀방울이 88*번 손길가네

한국사람 언제나 밥심으로 산다는데

전 국민 아침 밥 먹기 운동 다 같이 참여하자

* 한자 쌀 미(米)자를 팔, 십, 팔(八, 十, 八)로 풀이한 것.
* 2024. 8. 18일 -쌀의 날 10주년 -우리 쌀의 중요성과 가치를 되새기자는 의미로 우리 쌀 소비 촉진 운동을 펼치고 있다.
 - 농림축산식품부와 농협 공동주최.

9월 달력 행사: 이산가족의 날*

추석 전전날(음 8.13) - *separated families day*

민족의 멍에인 남북 분단과 6.25 전란으로
천만인 이산의 아픔이 더께로 내려앉아
목메어 불러봅니다 피붙이들 그 이름!

* 1985년도에 남북이산가족 상봉이 시작되었으나 1918년 이후 중단되었고, 이산가족 상봉 신청자 13만 3685명 중 평균 연령이 83세로 차츰 세상을 떠나신 관계로 현재 4만 408명 만이 생존해 있는 것으로 파악되었다.- 통일부 자료-(23.9.28-국회 외교통일 위원회).

배숙(Baesuk) - 절기식
배숙* - *Korean Steamed Pears*

추석 땐 차례상에 햇배를 고여놓고
배숙*을 만들어서 명절에 내놓으면
우리 몸 해독 시키니 건강 배숙 인기 짱!

* 레시피(recipe): 배 크기 따라 8~12등분(씨제거), 생강50g, 통후추, 물1L. 물 1L에 생강 편썰기 한 것을 물에 씻은 후, 육수팩에 넣고 20분 정도 끓이다가, 흑.백설탕을 각 30g씩을 넣고, 배에다 통후추 3개씩을 나무 젓가락으로 눌러 깊숙히 박아서 배가 투명 해질 때까지 끓여준 후, 생강 육수팩 건져내고, 잘 걸러낸 배숙에 잣 띄우기.

9월

달력 세시 풍속:
추석(음8.15) - Chuseog(17일)

추석연휴 - Chuseog Holidays(16~18)

한가위 - *HangaWi*

고슬고슬 햅쌀 밥 차례상에 모셔놓고
잘 익은 국순주로 정성 한 모금 올리며
힘겨운 집안 대소사 고하여 알립니다

휘영청 한가위 소원도 가지가지
부모형제 처자식 건강축수 부자소원
그동안 밀린 얘기로 날 새는 줄 모릅니다

동기간 사랑 속에 고향산천 뒤로하고
또 다시 황량한 세파를 견디러
시린 손 힘차게 흔들며 기차타러 갑니다

10월 달력 행사: 개천절(3일)

개천절 開天節

- National Foundation Day-by Dangun

태백산 신단수* 아래 처음 하늘 여시고

자자 손손 이어 갈 이 강토 이루셨네

겨레여 시월 상달에 단군* 조상 잘 받들자

* 신단수(神檀樹) - 단군신화에 등장하는 나무.
* 천제(天帝)의 아들 환웅이 곰에서 인간으로 화한 웅녀와 결혼하여 아들 (단군)을 낳고 단군(檀君)이 고조선을 건국한다는 내용이다.
* 건국신화: 단군이야기(The Foundation Myth: Dangun story) 참조.

10월 달력 행사: 한글날(9일)

한글날 - *Hangul proclamation Day*

현군이신 세종대왕 백성고충 살피시고
배움숭상 수불석권* 문화융성 해동요순*
한글은 입력타수 넘버원 독창적인 소리글!

* 손에서 책을 놓지 않는다-평생 열심히 공부하는 모습으로 모범적인 교사상-스승의 날 유래가 됨. *과학, 기술, 예술, 문화, 국방을 아우르는 문화르네상스기를 이끄신 탁월한 지도력으로 해동요순(조선의 요순)이라고도 불렸음. * 요순 임금 시대: 중국 고대의 요임금과 순임금 시대-덕으로 다스려지던 태평성대한 시대.
* 한글은 한자어가 상당부분을 차지하고 있어서 한자교육의 필요성이 절실함 – 저자.

세종대왕

 달력 행사: 시의 날(1일)

시(詩)의 날 - *Poetry Day*

씨줄 날줄 새로 엮어* 언어 예술 선구자
육당(六堂)*의 신체시(新體詩)*가 현대시 시작이라
마음밭 뿌린 시심(詩心)을 일궈내는 시인들!

*시인 최남선(1890.4.26~1957.10.10)의 아호
*신체시: 우리나라 신문학 운동으로 개화기 초창기에 나타난 새로운 시 형식 -1908년11월 최남선 시인이 『소년』 창간호에 발표한 〈해(海)에게서 소년(少年)에게〉가 최초의 작품이다.
*"시(詩)는 언어의 건축물이다." -마르틴 하이데거(독일의 철학자).

 달력 행사: 농업인의 날(11일)

농업인의 날 - *farmer's day*

〈농자천하지 대본 農者天下之 大本〉*
- *Workers of the land are the great root of a state.*

농부들 숨돌린 후 농토사랑 수확예찬*

농업인구 줄었지만 중요한 건 여전해요

우리 땅 우리 쌀이 최고야! 쌀밥에 미역국!

* 농사는 세상사람들이 생활 해 나가는 가장 큰 근본이다.-《한서(漢書)》
* 소중한 농토에서 쌀을 수확한 기쁨을 축제를 열어 전 국민과 함께 나누는 시기.

11월 달력 행사: 수능시험* (2023.11. 16일)

* 2025학년도 대학수능일:(2024. 11.14일 : 시행일로 고시됨)

대학수학능력시험
- College Scholastic Ability Test.

입동 절기 쌀쌀하니 수능*한파* 염려되고

마트 안 둘러보니 찹쌀 떡 대신에

일등급 합격해란*이라는 재미있는 란(卵)*이 등장

* 수능: College Scholastic Ability Test. – *대학수학능력 시험의 줄임말.
  – (To pass a test, inspection).
* 수능한파: 수능 때마다 찾아오는 한파.
* 구운란: baked eggs (최고등급 1등급란) –(first grade eggs).

12월 달력 행사: 첫눈 오는 날의 약속
- (소설)무렵

-The promise of the first snow day

첫눈*이 오면 - *When the first snow comes*

첫눈을 맞으면 좋은 일이 생긴다죠?
첫눈 오면 만나자던 그 약속 꼭 지키자
사랑도 함박눈처럼 소복소복 쌓인다

* 첫눈을 맞으며 함께 시를 쓰도록 하자-저자의 제안.

12월 달력 행사: 크리스마스(25일)

크리스마스 - *Christmas*

Merry Christmas ! happy new year !

참된 사랑 실천하는 거룩한 천사들

빈자貧者와 병자病者들 속에 부활하는 예수님

* 오늘날 서양에서는 크리스마스 다음날인 12월 26일을 박싱데이(Boxing Day)라고 해서 나눔이 사회적으로 자리 잡고 있다. *크리스마스가 세시 풍속의 하나로 자리잡은 우리나라에서도 연말 연시에 여러 분야에서 다양하게 나눔이 이루어지고 있다.

2

우리시대 과일 시조

1. 유자 *citron*

남해안 햇살 받아 탱글탱글 쿠션피부

프랑스 향수가 울고가는 향낭이여!

가시가 꽃이 된 사연을 뽑아올린 진상품*

* 조선시대 임금님께 올리던 지방 특산물.

2. 밀감(귤*) *tangerine(mandarin)*

국민 과일 밀감이 비타민 책임지고

껍질 말린 진피*는 한약방 단골메뉴

남쪽 섬 밀감 주산지 향기뿜는 한라산

* 육적회귤 : 중국 오나라 사람 육적이 손님상에 나온 귤을 가슴에 품어
　　　　　어버이께 남겨드린다.-지극한 효성을 비유함.
* 귤 껍질(과피)을 모아서 말린것이며, 한방 약재명으로 진피라 불린다.

3. 감 *persimmon*

떫디 떫은 풋감으론 베잠뱅이 천연물감

늦가을 빨간 홍시 부모님 효도선물

애주가 숙취 해소에 따를 자 그 누군가!

4. 산타딸기* *Santa straberry*

제철 지난 동절기에 스마트 팜 최적환경

초록 모자 붉은 망또 서울행 새벽 열차

입안에 가득 퍼지는 농부의 힘 산타 딸기

* 겨울철인 크리스마스 시즌에도 맛보는 딸기 -저자가 붙인 딸기 이름.

5. 수박 *watermelon*

빨간 속살 까만 점 진초록 스트라이프
멋쟁이 최신 패션 한겨울에 여름 수박
마트에 들어가 보면 어리둥절 시절감각

6. 참외 *Korean Melon*

진초록 넝쿨사이 농부땀이 송골송골

우물가에 담가둔 꿀참외가 동동동

원두막 흰구름 아래 다과상이 사뿐사뿐

7. 자두 *plum*

초여름 어느날 골목에서 만났네

색깔 고운 꿀자두 봉지째로 사다가

자두주* 담궈 봤더니 그 맛이 천하일품

* 소독한 유리병에 자두와 동량의 설탕을 넣고 담금용 소주를 부은 후 밀봉하여 100일간 숙성시킴.
*자두주는 피로회복에 특효라고 알려짐.-19세 이하 금주-(한국).

8. 포도 *grape*

장바구니 으뜸자리 뇌건강 보험 과일

넘쳐나는 건강미 포도당 명품 과일

메이퀸 샤인마스캣* 전세계로 수출한다

* K-샤인마스캣-고품질. 가격 경쟁력으로 중국·동남아에서 인기상승-상주에 전용 저온창고 구축 완료. 새상품-(레드클라렛. 글로리스타)등 붉은 색 계통의 신품종 개발 성공으로 수출길 열림. - (24.7.25일자 C일보 보도자료). 그 외에도 거봉 등 다양한 포도 품종이 나와있다.

9. 사과 *apple*

빨간색 노란색 색색으로 구색 갖춰

새콤달콤 유기산*이 사과속에 가득하네

대구서 나오던 미인 인제*와서 만났네

* 신맛나는 음식에 들어있다. -사과산, 구연산 등등.
* 사과 재배지가 차츰 북상하여 강원도 인제지역에서도 생산되고 있다.
* 사과가 많이 생산되던 대구. 경북에서 미인대회가 열리고, 미스코리아가 탄생하기도 하였다.

10. 배 *Korean pear*

배꽃 닮은 하얀 속살 사각사각 석세포

모양 좋고 맛도 좋아 수출품종 1위 과일

배밭 집 고3 아들만 식중독에 안걸렸대

* 한국 배(korean pear) *배 먹고 이닦기(한국 속담)-배의 풍부한 과즙과
  깔깔한 석세포들이 입안을 깨끗이 청소해 준듯이 개운함을 느낀다는 뜻.

11. 석류 *pomegranate*

석류나무집 호호 할머니 곱게도 늙으셨네

클레오파트라* 비결을 어찌그리 아셨는가?

대문 앞 행랑채 곁에 석류나무 두어 그루

* 이집트 여왕으로 아름다움을 유지하기 위해 노화방지, 항산화 식품인 석류를 즐겨 먹었다고 한다.

12. 한라봉 *Hallabong*

한겨울에 나오는 품격있는 과일 중에
제주도 특산품이 향기품고 올라오네
한라산 닮은 한라봉 그 맛도 최고봉!

* 요즘은 나주, 고창 등지에서도 한라봉이 생산되고 있다고 하니 기후변화를 실감한다.

13. 복숭아 *peach*

매끈한 복숭아랑 털 복숭아 중에서

항아님 드신다는 하늘 천도 복숭아*

복숭아 꽃잎을 따라 꿈결같은 이상향*

* 백도(白桃), 황도(黃桃), 천도(天桃) 복숭아 모두 한자어 도(桃)와 복숭아란 글자가 중복되는 과일이름. 털 복숭아와 털이 없고 매끈한 복숭아 중에서, 천도복숭아는 표면에 털이 없고 매끈하다.
* 도연명의 도화원기(桃花源記)에 나오는 무릉도원(武陵桃源)-신선들이 산다는 이상세계-서양에서는 유토피아(utopia)로 통한다.

14. 매실 *korean green plum*

해마다 6월이면 매실청* 담그는 철

오미자랑 함께 넣어 3개월간 발효시켜

구연산 혈관지킴이 매실 산지* 중풍이 적어*

* 매실 주생산지-광양(전남), 하동, 원동(경남) 등.
* 매실이 많이 나는 지역이 중풍 발생률이 낮다는 보고가 있다.

15. 앵두 *Korean type Cherry*

녹음짙은 6월이면 앵두가 한창 때라
우리 동네 화단에서 오며가며 감상하네
손녀딸 목에 걸어주고픈 빨간구슬 옥구슬

16. 살구 *apricot*

몇 해 전 두물머리 연꽃 축제 갔다가
살구를 구해와서 살구쨈 만들었네
그 동네 곱단이 피부결 그냥된 게 아니었네!

17. 블랙망고 *black mango(watermelon)*

윤기나는 럭비공* 망고색이 수박속에

블랙망고 무엇보다 탄생게誕生偈*가 궁금해

초여름 제철 음식으로 신장에도 좋다네요!

---

* 타원형 망고수박이 만들어지게 된 사연: 박과 수박을 접목하여 아들 순*
  에서 크게 열린다.
* 참고: 참외는 손자 순에서 열린다. *순: 새로 돋아나온 싹. *박(calabash)
  : 박과에 속하는 한해살이 식물 - 속을 파내어 내용물은 먹고 겉껍질은
  삶아서 바가지를 만든다. - 위키백과
* 천상천하유아독존(天上天下唯我獨尊)-석가모니의 탄생 게송- 하늘
  위, 하늘 아래 오직 생명의 본성이 가장 존귀하다는 -위대한 인간의 존
  엄성을 선포하신 것임.

18. 메론 *melon*

색깔 예쁜 양구메론 무늬 멋진 백자메론

열대출신 파파야 메론* 동남아서 수입하네

유럽산 칸다로프 메론* 건강장수 선물하네

---

* 머스크 메론, 하미과 메론 등이 국내 곡성, 고령, 고창, 부여, 나주, 청양, 담양, 이천, 제주, 철원 등지에서 다양한 품종이 생산되고 있고, 아직도 파파야 메론* 등 일부는 동남아-(베트남, 태국, 인도네시아, 말레이시아, 중국) 등지서 수입. * 이태리 로마 교황청이 있는 칸다로프 마을(cantaloupe town)에서 재배되어 붙은 이름으로, 짙은 세로줄 무늬가 특징이며, 폐와 신장 기능에 도움을 준다고 함. * 허니듀-(주로 미국에서 직수입).

19. 비파 *loquat*

신선이 타던 악기 비파* 닮은 이파리에

무환자* 나뭇가지 소담스런 건강열매

황금색 비파* 열매가 살구 맛에 과즙 풍부

* 중국 악기 *"비파를 먹는 집에는 환자가 없다"는 웰빙열매로 알려져 있어, 약용으로 많이 쓰임.- * 기관지에 좋은 열매. * 전남 완도에서 비파 전국 생산량의 70% 정도가 생산되고 있음.-(2023년 산정 기준). 그 외에도 제주도와 무안 등지에서도 생산되고 있음. * 조기 수확과 열매가 큰 품종 개발 중에 작은 열매 비파를 2024년도에 완도 어느 생산 농가에서 1kg짜리 대형 열매를 수확하게 되었다고 함. -6월 중순쯤이 수확적기.

20. 오디 *mulberry fruit*

누에는 뽕잎* 먹고 비단실 뽑아내죠

임도 보고 뽕도 따고 누이 좋고 매부 좋아

항산화 뽕나무 열매*로 현대병 이겨내요

* 인간에게 처음으로 누에치는 법을 가르쳤던 서릉씨를 모신 제단에 제사 후 왕비가 친히 뽕잎을 따는, 친잠례는 백성들에게 양잠의 중요성을 인식시키고, 널리 장려하기 위한 것이었음.
* 오디-눈을 밝게하는 안토시아닌 성분 때문에 검붉은 색상이며, 항산화, 항염증, 항고지혈증 등의 생리활성 물질을 많이 함유하고 있어서 잼, 쥬스, 술, 젤리 등 웰빙식품으로 다양하게 활용 가능함.

21. 두리안 *durian*

황제열매 나오너라 도깨비 방망이 뚝딱!

부드러운 과육 안에 영양물도 풍부해

아무도 넘볼 수 없는 위풍당당 열대과일

* 두리(뾰족가시)라는 말레이어(語)에서 유래. * 열매 무게가 무겁고 가시가 있으니, 동남아 여행중에 두리안 나무 아래는 함부로 들어가지 않도록 주의해야 한다. * 술과 함께 먹으면, 혈당이 급격히 오르고, 소변이 잦아져서 탈수증세와 발열 위험이 있다고 하니, 섭취시 매우 주의해야 한다. *고카로리 식품이라 다이어트중인 분은 너무 자주, 많이 먹지 않도록 주의한다.

22. 바나나 *banana*

필리핀산 바나나가 에콰도르 중남미*로

부드러운 육질에 고단함이 묻어나네

값싸고 먹기 좋아서 수입 과일 대명사

* 중남미(Latin America and the caribbean)-미주대륙의 북미지역인 미국과 캐나다를 제외한 중미(멕시코 포함), 카리브 및 남미지역의 총칭. * 주요 수입국의 가격 변동으로 인하여-동남아에서 중남미로 수입국가가 바뀌고 있는 추세. * 기후 변화 여파로 우리나라 제주도와 지리산 산청에서도 바나나가 생산되고 있음.
* 바나나 주요 생산국-인도, 중국, 인도네시아, 필리핀, 베트남, 브라질, 에콰도르 등.

23. 아보카도 *avocado*

여의주 품은 네가 우리 몸 속 맘껏 돌아

잉카문명* 지혜 닮은 독특한 영양물로

부탁해 혈관 대청소 얻은 것은 질병치유

* 잉카문명: 남아메리카 안데스를 중심으로 문명을 형성한 16세기 초까지 잉카족이 이루었던 청동기 문화.
*둥근 씨앗이 마치 여의주 같다. *단 음식이 넘치는 시대에 식이섬유가 풍부하고, 달지 않아서 아보카도가 권할만하다. *시중에 미국, 멕시코, 칠레, 뉴질랜드산이 많이 나와있다.-슈퍼푸드로 주목받고 있으나, 그 이면에 생산과정에서 산림파괴, 과도한 물소비량, 수송거리의 3대 문제점으로, 지구를 병들게 하는 환경문제와 직면하고 있다.

24. 체리 *cherry*

하얀 꽃 피워올린 튀르키예(터키)* 체리농장

불면증에 좋은 과일 새콤달콤 맛도 좋아

꽃 보다 더 고운 열매가 가지마다 주렁주렁

* 튀르퀴예(터키의 새이름)산 타트체리가 불면증을 개선하는 기능성 식품으로도 시중에 많이 나와 있음.
*세계 최대 생산국이자 수출국인 터키산 안티에이징 슈퍼푸드 4가지(체리, 건살구, 헤이즐넛, 무화과).

25. 레몬 *lemon*

회접시 꽃잎 곁엔 반달로 등장하고
여름철 레모네이드 입안의 상큼함이
사르르 내 눈 감기네 미국산 황금레몬

26. 용과 *dragon fruit*

베트남 용과* 봐라! 신비로운 핑크주먹

잘라보니 과육에 흑임자가 수두룩 해

열려라 용알 참깨야! 드래곤이 나가신다

* 용과 – 열대 과일의 하나이며, 과육이 희고 껍질이 노란용과와 껍질과 과육이 모두 붉은용과가 있으며, 흰용과도 있다. 긴 선인장 줄기에 달린 열매의 모습이 마치 용이 여의주를 물고 있는 모습을 닮았다하여 용과라는 이름이 붙었다. – 위키 백과.

27. 오렌지 *califonia orange*

뜨거운 태양 열기 입맞춤 세례 받고

탱글한 과육이 알알이 맺혔구나!

미국땅 서쪽* 끝에서 날아온 황금 야구공

* 울트라 프리져 컨테이너(Ultra Freezer container):
  초저온 항공 화물 운송 서비스 형태.
* (미국서부) 켈리포니아산 수입 오렌지.

28. 망고 *mango*

어느 해 부처님 전 열대 과일 망고를
파파야 용과랑 함께 생신공양 올린이유
부처님 좋아하셔요 고향열매 잖아요!

* 인도는 세계 제일의 망고 생산국임.

29. 키위 *kiwi fruit*

뉴질랜드 제스프리(zespri) 참다래 닮았구나
붓뚜껑 속 목화씨처럼 우리땅에도 키위*가
고기를 잘 소화시키니* 서로 함께 먹어보자

* 우리나라 전남 보성과 제주도에서도 키위가 생산되고 있다. -그린, 골드, 레드 키위가 있다.
*조선시대 문익점 선생이 붓뚜껑 속에 목화씨를 우리 땅에 처음 들여온 것처럼 우리땅에서도 키위가 재배되고 있다. * 키위 속에는 단백질 분해효소를 함유하고 있어 고기의 육질이 연해진다. 단, 키위를 (적당량) 슬라이스하여 올려두고, 20여분간 재워둔다. * 키위 다이어트도 널리 알려져 있다.

30. 망고스틴 *mangosteen**

여왕*의 과일이 출생 문양* 배꼽달고
하얀 과육 조각조각 예쁘기도 하여라
동남아 열대 과일로 항공운송* 맛을 보네

* 영국 빅토리아 여왕이 좋아하여 열대과일의 여왕으로 불린다. * 두꺼운 껍질 부분에 폴리페놀 성분이 매우 풍부하여 약재로도 쓰인다. * 꽃 모양 문양이 처음부터 뚜렷이 찍힌채로 자란다. * 꽃 문양을 누른 후 껍질을 까면 쉽게 깔 수 있다고 한다. * 보존기간이 짧아서 항공직송으로 맛볼 수 있다.

31. 여지荔枝 *litchi fruit**

조그만 과일낭에 털북숭이 숭숭한데

당나라 최고미인* 즐겨먹던 과일이래

나도야 한 망사 사와서 예뻐질까 먹어봤네!

* 중국 당나라 시대 미인 양귀비가 즐겨 먹었다는 과일.
*중국 4대 미인-(서시, 왕소군, 양귀비, 초선).
*중국이 원산지인 여지(리즈-lzhī)를 영어식으로 부르는 이름
 (리치-litchi, lychee).

32. 파인애플 *pine-apple*

파타야* 여행 중에 과일농장 방문했네

달콤새콤 파인애플 모여앉아 먹을 적에

비타민 P*가 많아서 췌장에 좋다했소!

* 태국의 주요 관광, 휴양도시 -수도인 방콕(Bangkok)에서 남동쪽으로 145km 정도 떨어져 있다.
* vit P : 말초혈관의 혈액순환 개선 효과가 있으며 감귤류에 많이 함유되어 있다.

33. 블루베리 *Blueberry*

한 알 두 알 블루베리 푸른 눈 사파이어

얼굴이 천냥이면 두 눈이 구백 냥

눈으로 건강 알리미 간수치 바로미터*

* barometer -사물의 수준이나 상태를 아는데 기준이 되는 것 : 잣대, 척도, 지표.
* 세계 10대 슈퍼푸드- 귀리, 블루베리, 녹차, 마늘, 연어, 브로콜리, 아몬드, 적포도주, 시금치, 토마토. - 2002, TIME Magazine(미국 타임 주간지)-선정.

34. 라임 *Lime*

상큼 쓥쓸 톡쏘는 마법의 모히토*

스트레스 쌓이면 산뜻하게 날리자

한잔에 가슴이 뻥 뚫리고 석잔이면 여름 가네

* 마법의 부적-"mojo"-에서 유래한 칵테일 음료. 미국 소설가 헤밍웨이가 즐겨
  마셨던 것으로 유명하다.

35. 델라웨어 *Delaware*

씨 없는 포도송이 와인생산 품종이고

앙증맞은 보라송이 고품격 후식이네

이름도 예쁜 포도가 초 여름을 행복하게

* 우리나라에서도 대전 산내지역에서 생산되고 있고, 동남아로 수출까지
하고 있다고 한다.- (2024)

36. 자몽 *grapefruit**

지방녹여 체중 감량 숙취해소 뼈건강!

6브릭스 쌉싸름함 시트러스* 향내까지

풍성한 과육만큼이나 매력 한 점 올려주네

* 자몽의 종류가 다양하다. 단, 자몽은 섭취 후 체내에 오래 머무르기에 각종 약물(혈압, 고지혈, 콜레스테롤, 고혈당 약 등)을 복용중이라면 섭취에 주의한다. * 약과 함께 먹지 않도록 주의한다.
* 자몽 생과일, 하루 1/2개, 쥬스 1잔 정도가 적당하다. * 열매가 마치 포도송이처럼 열린다고 하여 -(grapefruit).
* citrus -오렌지, 자몽, 유자, 레몬, 라임 등의 신선함과 청량감을 주는 감귤류의 향기를 통틀어서 말한다.

37. 코코넛 *coconut**

시원한 천연 물통 열대과일 코코넛

빨대까지 대령하고 우리곁에 와 있어요.

깊숙이 자리한 새하얀 과육이 쓰임새도 많네요.

* 용도 : 음료, 식용오일, 과자재료(코프라), 마가린, 미용비누 등. * 코코넛 (야자나무 열매) 생산국 순위(1위~6위)-1. 인도네시아 2. 필리핀 3. 인도(남부지역) 4. 브라질 5. 스리랑카 6. 베트남.

38. 무화과 *fig**

꽃 안피고 맺은 사연 꽃을 품은 열매라서

그대 품속 뜰안이 그리도 밝더이다

마당가 무화과 한 그루 가족들 사랑열매

* 무화과 – 전남 영암에서 가장 많이 재배되고 있음.
  – (전국 생산량의 70%, 2022년도 산정).
* 젊음을 유지하기 위해 이집트 클레오파트라 여왕이 즐겨 먹었다고 하는 노화 방지에 탁월한 과일.

39. 대추 *korean Jujube**

우물가 대추나무 윤기가 좌르르르

한의원 약장마다 감초랑 궁합*이다

볼 붉은 대추 나무집 새아기 늙지를 않는구나

* 음식궁합-함께 섭취하면 각각의 식품들을 따로 먹는 것보다 약효를 상승시키는 협력작용.
* 일반대추보다 2배 이상 크고 식감이 아삭한 사과대추, 대왕대추, 황제대추가 생산되고 있다.

40. 모과 *quince*

울퉁불퉁 못생겨도 속 깊은 모과향기

가을이 다가오면 잦아지는 기침 감기

기관지 좋아진다니 환절기엔 모과차!

* 생으로 먹으면 치아를 다칠 염려가 있다 * 채칼로 채를 쳐서 말리거나 15분 정도 찜기에 쪄서 썰면 손을 다칠 염려가 없다.(씨 제거). * (1회 용량: 말린 모과 10g 이내, 생과 1/8 쪽정도가 적당량).
* 수렴작용으로 많은 양을 섭취하면 안되고, 신장이 약하신 분들은 전문의와 상담 후에 섭취한다.

41. 색동 과일 찬가
SAEK DONG FRUIT PRAISE

온축된 땅에서 뽑아올린 영양물이
해지고 달 떠올라 꽃피고 새 울더니
이토록 고운 열매가 아롱다롱 열려요

뿌리가 튼실하니 잎새도 무성하고
제 자리 선채로도 묘한 맛 살림살이
그대로 다 내 주는 열매 만생명을 살리네

3 우리시대 채소 시조

1. 오이 *cucumber*

오뉴월* 가기 전에 오이지 담가보자

볼품없는 토종 오이 약효*에 놀라워라

화기엔 너의 찬 성질이 발란스 맞춰주네

* 오뉴월: 5월과 6월을 일컬음. * 오이의 효능: 해독, 항산화제, 저칼로리, 영양소 풍부, 수분공급, 체중조절, 배변원활, 혈당수치 감소, 뼈건강(Vit K), 두통예방, 심장건강-항염증성, 피부건강, 신경질환 등에 두루 좋음.
* 화상에 특효로 알려짐.-하절기 열을 내려주는 식품- 오이지, 냉채, 쥬스 등으로 활용이 가능함.

2. 애호박 *squash*

의로운 진주 논개*, 친환경 애호박*들

잘게 잘게 채썰어 새우젓과 볶아보자

호박이 위장병 최저 발생률 수치로 보여주네

* "논개" - 경남 진주 지역 애호박 대표 브랜드.
* 친환경 애호박: (청원 생명)애호박, 인큐 애호박, 정읍, 연천 애호박 등 전국에 걸쳐 하우스에서도 많이 재배되고 있다.
* 단호박, 미니 밤호박 등 호박 주산지(전남 함평 등 일조량이 좋은 남부지방)가 위장병 발병 전국 최하위로 기록 보도됨. * 호박은 반드시 완전히 익혀 먹어야 중풍 등의 질병을 예방한다.

3. 파프리카 *paprika*

빨강 노랑 다시 빨강 파랑색이 그리워

파랑 피망* 골라와서 구색갖춰 먹는다

식물이 합성한 영양소 파이토케미컬*의 보고寶庫*

* 피망(piment)은 파프리카를 의미하는 프랑스어.
* 식물이 햇빛을 통해 합성한 건강에 도움을 주는 생리활성 물질을 가지고 있는 식물성 유기화합물질(phytochemical). * 보고(寶庫)-보물창고.

4. 양배추 *cabbage*

둥글고 넉넉한 그대의 품속에서

추출물*이 흘러나와 위점막 회복효과

옛부터 약식동원*이라고 양배추가 날 살리네

* 비타민U (vit U)-양배추즙에서 뽑아낸 위궤양 개선에 도움이 되는 물질.-부작용도 주의한다.
* 약식동원:(藥食東原)-약과 음식은 그 근본이 동일하다.-동의보감이나 오래된 의서에 신토불이나 제철음식을 강조하는 내용이다.

5. 고구마 *sweet potato*

전란* 뒤 구황식품 국민 간식 고구마*

저장기술 덕분에 사시사철 맛을 보네

변통엔 너밖에 없어! 장 건강 지킴이

* 여기서는 6.25 전란(1950) 이후-이 때는 간식을 넘어 끼니를 대신하였다.
* 원산지는 멕시코 유카탄 반도지역과 베네수엘라 지역이 유력한데, 콜럼버스가 아메리카를 발견한 뒤에는 유럽, 아프리카, 아시아로 전파된 것으로 추측하고 있다. * 조선시대-(영조 39년 10월) -일본 통신 정사로 갔던 조엄이 대마도에서 씨고구마를 들여 온 것이 처음이다. - naver blog

6. 무 *daikon, white radish*

기침이나 소화 문제 저에게 맡겨줘요

무청이랑 함께 먹는 달랑무가 인기 만점

일년 내 가까이 하면 걱정할 일 하나없네

* 무를 많이 먹으면 속병이 없다.-(한국 속담)-가을 무가 특히 좋다.
* 요리 꿀팁 : 무를 1cm 깍뚝 썰어 병에 담고, 조청이나 꿀을 부어 2~3일 두면 맑은 물이 괸다. 기침이나 목아플 때 먹으면 특효약이라고 소개되어 있다.
  - 참고: 유태종,『식품동의보감』, 아카데미북, 2014.

7. 우엉 *burdock root*

잎줄기 채소에 뿌리 채소 곁드릴 때

끓는 물에 살짝 데쳐* 조청넣고 조려보자

차력사* 원뿌리 우엉이 항우장사* 능가해!

* 데칠 때 식초를 한 두방울 넣고 데치면 아삭거리는 식감을 살릴 수 있다.
* 일본에서는 우엉이 차력사로 불려짐. * 차력사(借力士)-약의 힘이나 신령의 힘을 빌려 몸과 기운을 굳세게 하는 기술을 부리는 사람. * 항우처럼 가운이 아주 센 사람. -역발산기개세(力拔山氣蓋世)-힘은 산을 뽑고 기운은 세상을 덮을만 하다.-≪사기(史記)≫

8. 방울 토마토 *cherry tomato**

장바구니 가볍고 여럿이 먹기좋아

동글이냐 대추냐 입맛따라 골라보자

자연이 주신 슈퍼푸드* 방울 토마토 내사랑

* 토마토의 효능: 항노화, 항암효과, 골다공증 예방 및 개선, 치매 예방과 뇌건강 증진.
* 양배추, 오이, 돼지고기, 감자, 설탕과는 가능하면 함께 먹지 않도록 한다.
* 토마토와 최고의 음식 궁합-올리브오일, 소금, 양파, 바질, 달걀.
* 슈퍼푸드- 33. 블루베리 하단 참조.
* 시중에 칼라 방울, 초코 방울, 황금 대추방울, 친환경 대추방울 토마토 등 모두 8품종이 나와 있음-(2024).

9. 시금치 *spinach*

마트 안 고향 시금치 내 손이 절로 가네

해풍 맞고 자란 잎새 찬 기운에 당차구나

한겨울 단풍 시금치 내 몸을 살려낸다

* 각 지역마다 다양한 시금치가 출시되고 있다.

10. 토마토 *tomato*

채소냐 과일이냐 주말농장 파종 1위
방울이랑 찰토마토 잡초 속 붉은 눈물
주인님, 심을 때 그 맘 어디 가고 없나요?

11. 청고추 홍고추 *Blue pepper, red pepper*

간장 된장 고추장 일 년 장맛 좋아지고

스트레스 많은 세상 매운맛이 요즘 대세

매운탕 필수 아이템 얼큰한 양념 재료

12. 하지감자 *the summer solstice(new potato)*

연보랏빛 감자꽃도 자세히 못 봤는데

아니 벌써 햇감자 피부 말간 수미감자

아린 싹 독성 품으니 햇빛 아래 두면 안 돼!

13. 가지 *egg plant*

노란 꽃술 보라 꽃잎 피부미인 주렁주렁
벌 나비 친구들 떼 지어 날아들고
잘 먹고 한여름 이겨내라고 귀하신 몸 납시었네

14. 양파 *onion*

땅속에 숨어있던 하얀 살결 둥근 얼굴

껍질 까다 울고 마는 주방용 최루탄이

지방을 녹이는 데는 최고로 좋다지요

15. 코리안 허브 *korean hub*

똘똘한 야채 하나 들깻잎 추천하네
향기 품은 초록 나비 햇빛 아래 팔랑팔랑
날마다 따고 또 따도 돋아나는 너의 열정

16. 비트 *beet(red radish)*

줄기랑 잎맥이 하나 같이 붉더니만

잘라본 뿌리까지 아픈 상처 피가 솟네

비트로 담근 물김치* 색스럽고 예뻐요

* 요리 꿀팁: 물김치를 담근 뒤 비트를 적당량 넣어 국물이 연분홍색일 때 비트는 먼저 건져내도록 한다.

17. 단호박 *kabocha*

강된장 호박잎쌈 여름철 별미식단
지난 봄 씨앗 봉지 언니께 보냈더니
늦가을 단호박 덩이가 덩이덩이 배달왔네

18. 상추 *lettuce*

적색 치마 청색 치마 오글오글 샤링 치마
로메인 아삭아삭 꽃상추 야들야들
종류도 가지가지다 불면증 보약 상추

19. 당근 *carrot*

고운 색 뿌리만큼 섬세한 잎사귀에

언제라도 달려가는 엑스트라 조연배우

잘 커서 나도 남도 이롭게 당근이지 당근이야!

20. 쑥 *nugwort*

이 땅의 민초들이 쑥으로 버틴 세월

원폭 맞은 땅에서도 다시 솟는 생명력

걸어둔 목욕탕 쑥 내음이 고향처럼 푸근하네

21. 브로콜리* *broccli*

귀여운 슈퍼푸드 암세포 킬러식품

오징어 토마토랑 함께먹어 면역증진

초록이 눈이 부신다 살짝 데쳐 매일 먹자

* 끓는 물에 소금을 조금 넣고 줄기부분부터 살짝 데쳐서 건져낸다.

22. 고수 *dhania*

태국서 가이드님 고수풀이 장수식품!
특이한 고수향이 쌀국수랑 찰떡궁합
속내는 하수*가 먹어두면 고수*가 될까해서

*하수(下手): 바둑이나 장기 따위에서 수가 아래임 또는 그 사람.
*고수(高手): 바둑, 장기, 무예 등에서 수가 높음 또는 그 사람.

23. 미나리* water parsley(drop wort)

할머니 비나이다 자손번창 무병장수

중금속 배출하여 피맑히는 해독식품

초장*에 무쳐먹으면 장청소가 저절로

* 미나리는 생명력과 번식력이 강하여 무병장수와 자손번창을 기원하는 뜻으로 미나리 줄기단을 홍실로 묶어 첫 돌상에 올린다.
* 생미나리는 신문지에 싸서 냉장보관 하거나 소금넣고 살짝 데친 후 냉동보관하여 이용한다.
* 초간장이나 초고추장.

4 기타 생활 시조

1. 인삼 *korean ginseng=Insam*

식물인데 사람닮아 인삼이라 불리네

6년근 인삼속에 사포닌*이 가득하니

자연이 선물한 원기 인삼 먹고 건강 충전

* 사포닌 효능 : 노화방지, 항산화, 항암작용, 피부미용 등에 효과
* 각종 전자파 노출이나 방사선 촬영 후에 본인에 맞게 홍삼이나 인삼을
  잘 활용하여 먹으면 좋다고 알려짐.

2. 치자 *Gardenia*

치자물에 김치 전 한 맛이 더 난다오
우유빛 꽃내음이 정신줄 빼앗더니
이리도 붉은 열매가 가지마다 총총히

* 남해도 3자: 유자(柚子), 비자(榧子), 치자(梔子).

3. 호두 *Walnut*

은박지 감싸쥐면 손자극 건강호두

곶감 속 감싸쥐면 수정과 명절음료

처음 본 코로나 펜데믹 폐 건강엔 최고라네

4. 잣 *Pine nut*

식혜나 수정과에 멋스럽게 띄워라

하늘 향해 치솟은 올곧은 성정이

이토록 귀한 맛 품은 산의 선물 잣향기

5. 밤 *Chestnut*

토실토실 밤토실 오대 영양* 고루갖춰

병중 병후 피로회복 위장도와 소화 잘돼

밤주악* 우리 전통음식이 풍미가 대단해요

* 인체에 필요한 5가지 영양소: 탄수화물, 지방, 단백질, 비타민, 무기질.
* 밤주악(Korean Tradition Donut)- 황률(밤 말린 것) 가루에, 꿀, 계피, 생강, 대추, 깨, 잣가루를 넣고 만두처럼 빚어서 기름에 지진 음식.

6. 갓김치 *Leaf Mustard Kimchi*

힐링 텃밭 한 귀퉁이 청갓 홍갓 심었더니

갓 김치 발효미학 톡 쏘는 알싸한 맛

일년이 손수 담근 김치로 입맛 돋궈 건강 짱!

7. 한 겨울 남해초 *Spinach from Namhea*

텅 빈 주말 농장 텃 밭 한 귀퉁이
시금치* 저 혼자 푸르게 자라더니
보물섬 내 친구 동이가 남해초* 보내왔네

보드라운 잎사귀 연약한 붉은 뿌리
이다지도 강인한 푸른 숨결 생명력
이 겨울 무채색 식탁이 초록으로 풍성하네

* 남해초, 비금도 섬초, 포항초, 영해초 등이 있다.

8. 옥수수 *Corn, Maize**

햇보리 나기 전에 당일 딴 찰 옥수수
싱싱한 수염달고 문앞으로 로켓 배송
배송 단 합류 조건이 잘 여물어 쪽 고른 이

* Waxy corn, sweet corn, pod corn, flint corn, dent corn, popcorn, field corn 등이 있다.

9. 마늘 *garlic**

마늘 쑥 백일기도 웅녀로 환생해서

유별난 은근 끈기 단군 자손 아니던가?

인생은 마라톤이다 마늘 먹고 힘내자!

* 효능: 심혈관 건강개선, 항산화, 항균 및 항암효과, 성인병 예방, 신경안정, 신체노화 억제 등.
* 생마늘을 찧거나 슬라이스 후 10분 정도 공기중에 방치 후 사용해야 효소 활성화로 알리신 생성.
* 건강기능식품으로 유기농 발효 흑마늘이 나와있다.
* 구운 마늘을 죽염에 찍어 먹기도 한다.

【표1】 특기사항

〈오색 색동 과일 및 혼합. 수입 과일 수* 〉- 조사한 시기(2024년도)

과일종류	청색	적색	황색	백색	흑색	혼합	수입
수량	12	13	17	10	2	10	15

* 오색(색동) 과일-청, 적, 황, 백, 흑의 다섯가지 색의 과일.
* 혼합과일-여러 컬라가 혼합(파프리카, 방울토마토, 등)된 과일.
* 수입과일-상시 수입되어 판매되고 있는 과일.
* 직접 조사한 약 50 여 가지 정도의 일상에서 많이 소비되고 있는 과일을 대상으로 삼음.
* 위의 표*에서도 보여주고 있는 것처럼 컬러푸드 중에서 가장 숫자가 적어서 주목을 끌고 있는 식품이 블랙푸드(흑색 식품)로 나타났다.
* 부족한 영양소를 곡류나 해조류 등에서 보충한다. 예) 흑미, 검정콩, 검정깨(흑임자), 석이버섯, 김, 미역, 다시마, 건포도 등 검은색을 띠는 대부분의 식품이 여기에 속한다.
* 균형잡힌 식생활을 위해 요일별로 서로 다른 컬러의 과일을 섭취할 것을 권장한다.

* 이 시조집에 다 싣지 못한 행사와 과일, 채소가 있음을 알립니다.
* 2024년도 달력을 기준으로 달력행사 시조가 지어졌음을 알립니다.

【표 2】 오행 배속표(五行 配屬表)

항목(項目)	오행(五行)에 관련(關聯)된 요소(要素)				
오행(五行)	목(木)	화(火)	토(土)	금(金)	수(水)
오장(五臟)	간(肝)	심(心)	비(脾)	폐(肺)	신(腎)
오부(五腑)	담(膽)	소장(小腸)	위(胃)	대장(大腸)	방광(膀胱)
오지(五志)	노(怒)	희(喜)	사(思)	비.우(悲.憂)	경.공(驚.恐)
오미(五味)	신맛(酸)	쓴맛(苦)	단맛(甘)	매운맛(辛)	짠맛(鹹)
오관(五官)	눈(目)	혀(舌)	입술(脣)	코(鼻)	귀(耳)
오체(五體)	근(筋)	혈맥(血脈)	기육(飢肉)	피모(皮毛)	골수(骨髓)
오색(五色)	청(靑)	적(赤)	황(黃)	백(白)	흑(黑)
오기(五氣)	풍(風)	열(熱)	습(濕)	조(燥)	한(寒)
오액(五液)	눈물(淚)	땀(汗)	연액(涎)	눈물(涕)	타액(唾)
오성(五聲)	고함(呼)	웃음(笑)	노래(歌)	울음(哭)	신음(呻)

(출처: 최재삼, 2009)